# 절름발이 고양이 튀튀

리토피아포에지 · 99
절름발이 고양이 튀튀

인쇄 2019. 12. 1 발행 2019. 12. 5
지은이 김보숙 펴낸이 정기옥
펴낸곳 리토피아
출판등록 2006. 6. 15. 제2006-12호
주소 402-814 인천 남구 경인로 77
전화 032-883-5356 전송032-891-5356
홈페이지 www.litopia21.com 전자우편 litopia@hanmail.net

ISBN-978-89-6412-126-9 03810

값 9,000원

이 도서의 국립중앙도서관 출판예정도서목록(CIP)은 서지정보유통지원시스템 홈페이지(http://seoji.nl.go.kr)와 국가자료종합목록 구축시스템(http://kolis-net.nl.go.kr)에서 이용하실 수 있습니다. (CIP제어번호 : CIP2019047310)

김보숙 시집

# 절름발이 고양이 튀튀

LITERATURE & UTOPIA

# 시인의 말

나는 거짓말로 시를 쓴다.
이 시집의 모든 시는 거짓말이다.

2019년 10월
김보숙

# 차례

## 제1부

## 제2부

제3부

제4부

| 제1부 |

# 절름발이 고양이 튀튀

튀튀, 손잡이에 달려있는 손들의 지문을 핥아먹고 있는 너는 육교 위에서 뽕짝을 부르던 맹인부부의 동전을 훔치다 걸려 절름발이가 되었네. 꼬리를 빌라먹고 있는 비둘기 무리에서 원죄를 속죄하는 너를 안아 옥탑방으로 숨어들었네. 자위를 끝낸 한낮이 혼절해 있었네. 너의 발톱에는 할퀴어진 세상이 쿨럭이는 기침소리가 낙숫물처럼 흘러내렸네. 꾸르륵 소리에 아끼던 겔포스를 먹여주었네. 개미들은 죽은 개미를 어깨에 메고 지맥을 찾고 있었네. 고상한 얼굴로 밀린 월세를 받으러 다니는 페르세포네니 다이달로스, 그는 그의 발등을 한 번도 본 적이 없네. 발등을 핥고 있는 튀튀를 개미쯤으로 알고 있다네. 개명된 너의 이름을 '재투성이 신발 한 짝도 아궁이에 뿌리를 내리지 못한 자', 라고 적어놓고 괄호 열고 신데렐라 하고 괄호 닫네. 튀튀가 따온 토마토가 익으니 페르세포네니 다이달로스의 얼굴이 파래지네. 절름발이 튀튀의 발목에 정중히 나비타이를 묶고 사라진 맹인부부의 정체를 밝히러 가네.

# 뱀눈그늘나비

액자 속 박제 뱀눈그늘나비가 사라졌다. 잠결에 잠별했다. 날개에 아프게 꽂아둔 옷핀이 못이 되어 하늘에 박혔다. 하늘을 뒤집으면 대신 호두가 떨어졌다. 호두나무에 목을 매단 두더지는 죽어서도 땅을 팠다. 오그라든 손으로 흙을 주워 먹던 박가네 셋째 고모처럼 죽어서도 땅을 팠다. 뒤집어진 하늘에서는 포도주 같은 노을이 흐른다. 입을 벌리고 노을을 받아먹는 사람들의 목청에도 하얀 옷핀이 차례로 박혀갔고 입속에는 노을이 번져갔다. 양 날개에 뱀눈을 문신한 나비를 찾습니다. 나에게는 호두가 많아요. 내가 가진 호두를 전부 드릴게요. 뱀눈그늘나비는 나의 오래된 애인이죠. 박제 액자 속에서 검은 알이 슨다. 이전에 알지 못했던 문양으로 검은 알이 슨다. 고양이 왈츠에 발을 맞추던 나의 구두 속에서 잠이 들던 뱀눈그늘나비. 날개 속에 어둠을 훔쳐와 내려놓고 조용히 날개를 접는다.

## 오아시스 · 1

그는 오아시스 배달원이죠. 동네 슈퍼마다 오아시스를 배달해요. 사라진 골목에서 용역원들은 오아시스를 몸에 뿌리곤 했어요. 그들의 입속에는 털이 가득했죠. 입을 열면 혀가 바삭바삭 부서졌어요. 오아시스를 뿌려 적셔주어야 했죠. 발가락 양말은 기형의 포도알갱이 같아요. 껍데기를 찢고 나오지 못한 포경은 발가락에서부터 시작되었어요. 오아시스 배달원은 사라진 골목에서 검은 낮을 경험해야 했죠. 배롱나무를 긁으면 잎은 간지럼을 타고 깔깔대고 웃었어요. 침 같은 진딧물이 질질 흘러나와요. 오아시스를 뿌려 적셔주어야 했죠. 233번지 용태는 아버지가 먹고 버린 소주 뚜껑으로 초록색 배를 만들어 상을 받아 왔대요. 초록색 배에 동생들을 태우고 어머니를 찾으러 나가려다 초록색 트럭 바퀴에 부딪혔대요. 팝콘처럼 튀어 올랐대요. 오아시스를 뿌려 적셔주어야 했죠. 오아시스 배달원은 목이 말라요. 주억주억 졸고 있는 저녁이 지겨워요. 발가락 양말을 벗어요. 포경을 기다리는 귀두가 발가락 양말을 내려다보고 있어요. 오아시스를 뿌려 적셔주어야 하죠.

## 오아시스 · 2

사라지고 있는 골목에서 용역원들은 오아시스를 몸에 뿌리곤 했어요. 용역원들이 런닝을 찢고 몸에 오아시스를 뿌릴 때마다 동네 사람들은 엄지손가락으로 번지수에 지문을 찍어주었죠. 오늘은 222번지가 사라졌대요. 233번지 용태의 할머니는 엄지손가락을 가지고 온다며 방으로 들어가서는 엄지손가락 대신 굵은 소금을 들고 나왔대요. 용역원들에게 굵은 소금을 마구 뿌렸대요. 지문이 닳아지면 용감해진다는 것을 용태는 그때 처음 알았어요. 그날 밤 화가 난 용역원들이 용태네 집 마당에 있는 배롱나무를 손도끼로 찍었다지요. 그것도 모르고 배롱나무는 잎이 간지러워 깔깔대고 웃고 말았대요. 손도끼에 베인 곳에서 침 같은 진딧물이 질질 흘러나오는 것도 모르고 깔깔대고 웃는 배롱나무를 용태는 오아시스로 닦아주었대요. 그러다 용태는 배롱나무에게도 지문이 없다는 것을 알게 되었다지요. 용태는 동생을 데리고 집을 나간 엄마의 엄지손가락이 궁금해졌어요. 용태의 엄마도 웃었는 걸요. 용태의 아버지가 연탄집게로 등을 때릴 때마다 용태의 엄마도 배롱나무처럼 깔깔대고 웃었는

걸요. 용태는 아버지가 먹고 버린 소주 뚜껑으로 초록색 배를 만들었어요. 초록색 배에 오아시스를 싣고 엄마를 찾으러 가려 하다가 자신의 열 손가락에는 너무 많은 지문이 새겨져 있는 것을 보고 말았다지요.

# 군자

시를 쓰지만 시를 안 쓰고 있는 나는
옛 애인에게 안부를 묻다가 망신을 당하고
망신을 당한 김에 옛 애인에게
안부를 묻다가 망신을 당한다.
무청이 넘친다.
더러워진 가스레인지는 나의 혼수.
어머니는 나의 해장을 우려한다.
베개 옆에는 개들이 묶여 있다.
꿈에서 들리는 익숙한 개소리.
가끔은 맞고 가끔은 안 맞는다.
무청을 삶다가 망신이 그리워지면
옛 애인에게 안부를 묻는다.

# 마차, 낙타, 썰매, 당나귀 그리고 자동차

할머니는 빨간 병을 조심하여야 한다고 했습니다. 빨간 병에 걸리면 모시나비가 목구멍에 걸려 한동안 아플 것이라고 했습니다. 투명한 날개는 속에 찬 아픔을 다 볼 수 있다고 했습니다. 칫솔을 못처럼 갈은 삼촌은 조국이라는 말을 쓰고, 입 속에 거품을 물고 대중이라는 말을 쓰면서 애자 언니를 데리고 왔습니다. 빨간 병에 걸린 애자 언니의 얼굴에는 울긋불긋한 석류 씨가 박혀 있었습니다. 할머니는 모시나비를 삼킨 탓이라며 쇠붙이 같은 긴 손가락으로 모시나비를 찾아 뱃속을 휘저었습니다. 콩콩 자고 있는 자궁이 딸꾹딸꾹 흔들렸습니다. 슬로건을 찾기 전에 우리는 동굴 같은 방에 동거하며 칫솔을 못처럼 갈았습니다. 빨간 병에 걸리지 않기 위해 립스틱을 바르지 않고 있었습니다. 마차를 타고 온 그가 떠나고, 낙타를 타고 온 그가 떠나고, 썰매를 타고 온 그가 떠나고, 당나귀를 타고 온 그가 떠나는 동안, 애자 언니 배는 부르고 불러 뜨뜻한 모시나비를 토해냈습니다.

## 간단한 말

사월은 간단한 계절이네. 나의 짐은 몇 알 남은 질염 치료제 그끄저껜으로 시작하는 메모 한 장뿐이었네. 입술에서는 말 대신 유랑이라는 말이 새어 나오곤 하였는데, 유랑이라는 말은 말이 아니었으므로 외롭거나 괴롭지 않았네. 저녁을 돌아다닌 운동화끈을 풀어 어머니의 매듭을 흉내 내었네. 매듭을 풀면 쉰내 나기 직전의 추억이 쏟아졌네. 낙태를 하고 돌아오던 친구는 없는 아이에게 이름을 지어주었네. 웃지 않는 해바라기야. 우리는 신에게서 미분류 되었음을 알고 고아처럼 울었네. 정육점집 앞에서 춤을 추고 있는 돼지인형처럼 아무데서나 춤을 추어도 나무라는 어른이 없었네. 사월이면 피요르드에 걸린 칼을 보고 절규를 한 뭉크의 비명이 들리네. 질 속이 환해지네.

# 그해 가장 시시콜콜한 이야기

우리는 사랑이라는 이름을 개명하고자 지하드락에 다시 모였네. 파이프를 입에 물고 나타난 오시나오 조의 국적은 파이프였고, 우리는 파이프를 차지하기 위해 오시나오 조의 입술을 매번 쫓아 다녔네. 큰구두광견병 엄마는 사랑이라는 말을 아빠다, 라고 개명하자는 의견을 냈지만, 오시나오 조의 파이프를 본 자들은 사랑이라는 말을 오시나오 조의 파이프로 개명하자고 하였네. 경계는 연기처럼 사라졌네. 지하드락은 진동에서 전류로 바뀌었고, 격렬하게 붉어진 노을 속에서 사랑은 오시나오 조의 파이프가 되었네. 나는 그해 오시나오 조의 파이프를 했네. 오시나오 조의 파이프는 언제나 오래 참고 자신의 유익함을 구하지 않으며, 모든 것을 참아내며, 이 모든 것을 믿으며, 진리 앞에 항상 기뻐할 수 있었네. 오시나오 조의 파이프는 언제나 온유하며, 무례히 행하지 아니하며, 내 안에 모든 것이며, 오시나오 조의 파이프가 없으면 내 몸을 희생할지라도 아무것도 아니었네. 믿음과 소망, 오시나오 조의 파이프 그 중 제일은 오시나오 조의 파이프였네.

## 사랑은 신신홀에서

시인하지 마세요. 시인은 시인을 해야 하는 사람들이니 시인하지 마세요. 시인은 시인을 해야 하고 시인이 시인하고 나면 시인은 시인을 부정할 수 없으니 시인하지 마세요. 아버지가 어머니의 시인을 받던 날 어머니는 시인을 부정하고 사랑을 찾으러 신신홀에 갔어요. 신신홀에는 시인이 없고 시인할 수 없으며 오로지 사랑만 있죠. 시인은 신신홀을 몰라요. 시인은 신신홀에 갈 수 없어요. 신신홀에서 애인에게 공기총을 발사한 봉천동 박철민 할아버지도 시인하지 않았어요. 신신홀은 시인할 수 없으며 시인 받지 않으며 오로지 사랑만 있죠.

# 달이 삐끗

너의 왼쪽 발목이 삐끗하여 복숭아뼈가 파랗게 부어오른 날 나는 너의 발목을 흐르고 있는 착한 핏줄을 보았네. 나는 핏줄은 물보다 진하여 독한 줄로만 알았네. 발목을 지나가는 착한 핏줄은 둥글게둥글게 부풀어 올라 복숭아뼈를 푹신하게 해주었네. 내 아버지의 폐를 지나간 적 없는 착한 핏줄은 파래서 더 아름다웠네. 삐긋한 달을 지나가는 착한 핏줄이 너의 왼쪽 부은 발목 위로 지나갈 때, 나는 달을 보고 울던 내 어머니가 내 아버지의 폐에 얼굴을 묻고 우는 밤을 기억하네. 달이 삐끗하여 고통을 느끼는 밤을 기억하네. 소리가 들리지 않는 폐에 귀를 대고 내 아버지의 밤을 지키던 내 어머니가 내 아버지의 착한 핏줄이었음을 알아내네. 달이 삐끗한 밤엔 착한 핏줄이 흐르네.

# 낭만적 엔딩에 관하여

연주를 끝내고 이빨로 기타줄을 물어뜯는 너의 습관은 땅콩 몇 알에도 체하기를 반복하는 내 아버지와, 그럼에도 간장종지에 땅콩을 수북하게 쌓아 놓기를 반복하는 내 어머니의 습관을 닮았네. 이빨 사이에 낀 기타줄을 뺄 때면 들리던 삐그덕 소리가 부스스 땅콩을 까던 소리처럼 들려왔지. 아버지 제발 땅콩 좀 그만 까드세요 제발. 유독 간지럼에 약한 아버지를 간질일 때면, 얘야 나 좀 따다오. 내 아버지를 따고 나온 검붉은 피 한 방울은 내력을 숨기지 못하곤 했네. 연주를 끝내고 이빨로 기타줄을 물어뜯는 너의 습관은 바늘을 쥐고 땅콩을 까먹는 내 아버지의 습관과 닮았고, 검붉은 내력을 지우려는 내 어머니의 습관과도 닮았는데.

# 첫눈

아버지의 런닝 하나로 여름을 보낸 어머니가
눈사람을 만든다. 런닝 위에 앙고라 스웨터를
입은 어머니 곁에 가면 입 속으로 딜이 들어간다.
타인의 관을 들어주다 허리를 삐긋한 나는 결국
아버지의 관을 들어주지 못하고
드럼 교습소에서 자고 오는 날이 많아졌다.
벌어진 아버지의 칫솔로 머리를 염색한다.

# 혀를 들키다

새벽기도를 다녀오는 길 건널목에서 차에 치인 만순이 아줌마는 부러진 앞니를 기부라 말한다. 하늘로 튀어 올랐다가 떨어진 성경책 속에서는 그 날의 헌금이 쏟아졌는데, 만순이 아줌마는 그 날의 헌금을 구경꾼이라 말했다. 입 밖에 살던 혀가 입 안으로 들어간다. 어른이 될 수밖에 없어 어른이 된 어른들은 어른이 될 수밖에 없어 어른이 된 어른들에게 혀를 보이고 말하는 법을 가르치지 않았다. 구경꾼은 혀가 없어도 말을 전할 수 있었다. 만순이 아줌마가 찬송을 부를 때마다 나는 새로 해 넣은 앞니가 하얗게 반짝이는 것을 본다. 신에게 미분류 되어 고아처럼 울다가도 만순이 아줌마의 하얀 앞니를 볼 때면 혀를 굴리어 말하고 싶어진다.

# 해 떨어지다

엄마가 아직은 집에 있다고 너에게 전한다. 아직은 빨래가 마르지 않아 아버지의 난닝구가 점점 노란빛을 띠고 있다고 너에게 전한다. 해 떨어지면 일 나갔던 오빠가 돼지고기를 한 근 끊어 집으로 돌아오고, 신문지에 돌돌 말린 잔뭇들이 쏟아지고 있다고, 그 무렵이면 저녁은 뒤집혀진 주머니처럼 다가온다고 너에게 전한다. 폐에 물이 차오르고 있는 아버지와 돼지고기 핏물을 빼고 있는 어머니가 수 년 전 떼인 돈을 이야기하며, 시력을 잃어갈 때 곰팡이로 물든 우리집 벽에서는 낙서가 무럭무럭 자라 소문을 앞서나가고 있다고 너에게 전한다.

# 흉곽, 경계인

아버지 폐는 씹어 먹으면 안 되요. 폐를 마셔요. 소간을 먹으면 간이 좋아진다는 말을 듣고 소간을 믹서기에 갈아 마신 오가네 셋째 고모처럼 폐를 마셔요. 옷에 걸린 폐를 씻을 수 없어서 나는 밤마다 흉곽을 그려 물에 헹구어 내곤 했어요. 풀어지는 종이가루는 몸속을 흐르는 착한 세포 같았죠. 등을 굽혀 기침을 다스리고 있는 아버지의 등이 작은 무덤 같아요. 상징적인 밤에는 아껴두었던 신데렐라 인형을 꺼내어 두근거리는 심장을 그려주죠. 흉곽을 색칠한 빨간색 물감은 마르지 않았어요. 아버지 조금만 기다리세요. 갈아 마실 수 있는 튼튼한 폐를 구해올게요. 숨을 이식해 줄게요.

# 울음은 흉곽 주위를 맴돈다

반 쯤 지워진 문신을 복원하러 온 당신을 나는 기억합니다. 가슴 위에 새겨진 문신은 폐, 폐를 본떠 만든 폐는 건강했습니다. 낭신의 폐는 폐를 부러워하며 연약한 숨으로 폐를 들썩였습니다. 가슴 위에 새겨진 까만 폐는 장난보다는 안위에 가까웠습니다. 장기가 되어버린 당신의 호흡을 들으며 나는 반쯤 지워진 문신을 복원합니다. 당신의 하얀 폐는 드러누워 까맣게 차오르는 폐를 바라봅니다. 가슴 위에 부적처럼 새겨지는 폐를 당신은 이식이라 말하고, 나는 혹은 이라고 말합니다. 반쯤 지워진 문신을 복원하기 위해 이맘때면 내가 드는 뾰족한 바늘, 울음은 흉곽 주위를 맴돕니다.

## 홍복洪福

피아노 소리가 간혹 들려오곤 했는데, 엊그제 시켜먹은 군만두 접시에 새겨진 홍복은 언젠가 침을 잘못 맞아 앉은뱅이가 되었다는 그와 이름이 같았는데, 군만두 접시가 된 홍복과 홍복이 된 군만두 접시 위에는 가짜 브로콜리가 싱싱하게 심어져 있었는데, 씹어 먹는 장난을 위안 삼아 소간을 씹어 먹는 오가네 셋째고모에게 싱싱한 브로콜리는 장난칠 수 없는 군만두 접시에 불과했는데, 엊그제 시켜먹은 군만두 접시는 앉은 뒤로 일어서지 못한 홍복처럼 남의 집 담 밑에서 일어서지 못하고 있는데,

## 변신byeonsin

소년 앨리스가 소녀 앨리스가 되는 날이었습니다. 소년 앨리스의 보조개는 그대로였지만 눈썹은 초록색으로 물들어 있었습니다. 눈동자 색을 따라서 눈썹이 물들었고, 눈썹 색을 따라서 혀가 물들었습니다. 해바라기 씨를 까먹고 있던 남동생은 소년소녀 앨리스의 브래지어 끈을 자르고 티팬티 끈을 자르고 긴 머리칼을 잘랐습니다. 슬퍼하지 마, 네가 아침에 먹은 굴은 주기적으로 성이 변해. 네가 아침에 먹은 송사리도 나이에 따라 성이 변한단다. 소녀 앨리스는 공기의 요정 실프의 몸짓으로 고통에 관한 보고서를 구체적으로 적었습니다. 소녀 앨리스는 팔굽혀펴기를 자랑하는 동급생들의 등짝을 발로 차고,, 2호선 초록색 지하철을 타고, 잠실역 지하상가에 내려 초록색 하이힐을 고르고, 장님들의 하모니카 연주를 들으며, 가볍게 탭댄스를 추었습니다. 앞에 떨어진 동전 몇 개를 주워 소녀 앨리스는 우표를 샀습니다. 내일까지 도착할 수 있나요. 소녀 앨리스는 미국에 사는 소녀 앨리스에게 편지를 씁니다. dambae han gae piman billyeo jullae?

| 제2부 |

# 장미여관 203호

장미 여관 203호에는 덜 마른 빨래 냄새가 난다. 오래된 스킨은 뚜껑이 열려진 채 향기 아닌 냄새를 사방에 흘리고, 침대를 향한 큰 거울은 일그러진 표정처럼 깨어져 있다. 한쪽 눈을 잃은 여관 아줌마는 작년에 이곳에서 사람이 죽어 나갔다며, 혼자 들어오는 젊은 남자를 몇 번이나 심문한다. 남자는 미지근한 삶을 데우러 왔다며 낡은 플레이보이지 위에 타액을 전수한다. 빨간 카펫이 깔린 여관 복도에는 긴 토악질 자국이 선명한데 한쪽 눈을 잃은 여관 아줌마는 오늘도 혼자 들어오는 젊은 남자를 심문하느라 토악 자국을, 스킨 뚜껑을, 깨진 유리를, 그냥 방치하고 있다.

## 마리아상이 바이올린을 켜고 있는 다락방

천장에 그려진 계단을 밟고 돌돌 말린 아들의 팬티를 찾으러 간다. 다락방으로 들어간 베트남 엄마는 최초의 밀실을 발견하고 최초의 기도를 올린다. 베트남 엄마는 베트남 엄마가 되지 못하고, 베트남 엄마는 베트남 엄마가 되었다. 그녀는 다리를 조금만 오므리면 다락방에 버려 놓은 소파와 쌀통 사이에 몸을 집어넣을 수 있다는 것을 알게 되었다. 스치는 얼굴들은 하나 같이 멀리에 있고, 가까운 곳에는 마리아상만이 바이올린을 켜고 있다. 신은 바쁘십니다. 고해는 짧게 해주십시오. 마리아상에 붙은 바삭바삭한 모기를 마리아상 손 위에 올려놓고, 죽음이여. 주금이여. jug-eum ijyeo. 망고나무 아래에서 춤을 추던 마더가 가르쳐준 다중언어는 다중에게 외면당하고, 다중은 모국어를 가져오라 한다. 모국어는 마더muder뿐이다.

# 시계 혹은 사계四季

은혜미용실 앞에서 밤을 굽는 할아버지가 이야기 하시네. 저 미용실 젊은이 11시간 째 서서 일하고 있네. 은혜미용실 안에서 일하고 있는 젊은이가 이야기 하네. 저 밤 굽는 할아버지 11시간째 앉아서 밤을 굽고 계시네. 젊은이와 할아버지는 서로의 시계이네. 서로의 움직임을 보고 시간을 알아내네. 은혜미용실 앞에 있는 벚나무가 이야기 하네. 저 미용실 안에 있는 봄 화분 11시간 째 앉아서 새싹을 움트고 있네. 은혜미용실 안에 있는 봄 화분이 이야기 하네. 저 벚나무 11시간 째 서서 꽃봉오리에 힘을 주고 있네. 봄 화분과 벚나무는 서로의 사계四季이네.

## 복수

실업급여를 받고 돌아오는 길 분식점에서 늦은 점심을 먹는데 밥 속에서 딱딱한 것이 씹힌다. 뱉어 보니 손톱이다. 장사가 되지 않아 내보낸 주방장이 분풀이로 쌀독 안에 손톱을 깎아서 버린 것이란다. 주인아주머니는 나간 주방장을 의심한다. 주방장이 나간 뒤부터 계속 밥 속에서 손톱이 나오고 있다 한다. 장사도 안 되는 참에 아까운 쌀을 버리게 된 주인아주머니의 속은 또 어떠할까 싶어 방금 느꼈던 이물에 대해 묻지 않는다. 아주머니가 미안하다며 백반을 물리고 찐 만두를 내준다. 신문지를 펼치고 쌀 속에서 주방장의 손톱을 찾겠다는 주인아주머니를 바라보며 만두를 먹는데 딱딱한 것이 씹힌다. 뱉어 보니 손톱이다.

# 가족의 탄생

금방이라도 저 천장은 무너질 것만 같아. 그렁그렁한 천장을 나는 며칠 동안 바라보고 있는 거야. 그래서 나는 천장에서 눈을 뗄 수가 없는 거야. 비라도 내리면 어떡하니. 가장도 없는 안방이 들통 나면 어떡하니. 그러면 나는 다시 아버지의 셔츠와 흰 팬티를 찾아 빨랫줄에 걸어놓길 반복해야 하잖니. 방이 여러 개라면 가족을 여러 명 만들어 방을 나누어 주겠어. 가족과 함께 그렁그렁한 천장을 안전하게 만들 수도 있겠어. 친구 아버지의 관을 들어주다가 허리를 삐긋한 오빠는 아버지의 관을 들어 줄 수 없어 눈물을 흘렸다지만, 나는 허리 근처에 맴도는 식욕을 잡아 뽑지 못해 그렁그렁한 날들이 많았지 뭐니.

# 개와 새

개에 관한 시를 검색하면 새에 관한 시가 연관검색어이지. 나의 시를 읽은 너의 소감은 시집에도 주의사항이 필요해. 노약자나 임산부는 보지 마시오. 개에 관한 이야기를 하다가 결국 새에 관한 이야기를 하고 마는 나의 시는 개와 새가 연관이 있기 때문이었지. 하지만 개에 관한 시를 검색하지 않은 너에게 개와 새에 관한 나의 시는 '우울을 유지하는데 요긴하게 쓰인 파란 칫솔'처럼 연관이 없는 것들이었겠지. 지금도 노약자나 임산부를 염려할 테지. 듣지 못하여 딱한 귀*는 거울 속에서만 사는 것이 아니야. 네가 딱한 귀를 가지고 개와 새에 관한 시를 듣고 있으니, 시여, 참 딱하기도 하지.

* 이상의 시 「거울」 중에서.

# 오늘의 운세

아버지는 나간 일 없어 흙이 묻지 않는 랜드로바를 오늘도 닦는다. 아버지의 발자욱이 찍힌 곳이 없어 나는 골목에서 길을 잃을 때가 많았다. 더듬어 귀가를 하면 묻지 않는 흙을 털어낸 랜드로바가 나의 신발을 바라보았다. 나는 세상의 흙 대신 세상의 소식을 묻히고 돌아왔다. 안방은 인큐베이터 안처럼 조용했다. 숨 쉬는 소리만 새근새근 들려왔다. 조간신문을 버리지 않고 저녁이면 나는 아버지에게 오늘의 운세를 읽어 주었다. 랜드로바를 신고 나갈 수 있다고 하니? 네, 아버지 오늘밤에는 랜드로바가 달을 볼 수 있다고 해요. 아버지 몰래 랜드로바를 신고 마당으로 나온다. 고갤 쳐드니 보이는 아버지라는 달.

## 글피

글피엔 눈이 내립니다. 미귀가자를 찾는 전단지에 포장되어있는 호떡이 미귀가자의 얼굴에 기름칠을 합니다. 귀가하였을지도, 귀가되었을지도 모를 미귀가자의 얼굴들이 종일 호떡을 포장합니다. 나는 이면을 바란 적 없으나 나의 시는 미귀가자를 찾는 전단지처럼 이면이 되었을지도 모르겠습니다. 접혀지거나, 구겨지거나, 더럽혀지거나, 하여 단면의 기억마저 소멸되어 가는지도 모르겠습니다. 당신에게로의 귀가를 늦추는 시절입니다. 그럼에도 지금 내가 이 시절을 사랑하는 것은 이 시절이 아니었다면 나의 시는 이면도, 단면도 될 수 없기 때문입니다.

# 반지하

오늘 알아 온 단어는 바깥 양반.
집에 들어오면 개가 있어 기뻤고
훔쳐온 라일락 모텔 베갯잇을 쓰기 전에
나는 회개하였다. 나의 개는
잘 못한 일 없으나 나의 개여서 회개 후
밥을 먹을 수 있었다. 식욕을 참지 못하고
주인을 물던 나와는 달라,
개다운 개.
글쎄, 저 영감님을 어디서 봤더라.

# 구름의 뼈

구름에는 뼈가 없습니다. 뼈를 본 날은 두통이 심했던 날이므로 구름에는 뼈가 없는 것이 확실합니다. 두통이 심한 날에는 지하철에서 거대한 개미를 만나곤 했지요. 거대한 개미가 맞은편에 앉아 신문을 읽으며 우아하게 커피를 마시고 있을 때, 나는 비어있는 약통에서 두통약을 한 알 꺼내어 입에 넣곤 했습니다. 내가 삼킨 것은 비명입니다. 두통이 심한 날, 지하철에서의 거대 개미는 없는 것이 확실하지만, 그래도 나는 내가 본 구름의 뼈를 말하고 싶습니다. 구름의 뼈가 구름을 튀어나온 날이니깐요. 구름의 뼈를 보았다는 것은 구름의 살을 보았다는 것이니깐요. 두통이 심한 날은 글자를 적지 말라는 어머니의 당부를 어기고 나는 오늘 구름의 뼈라고 적습니다.

## 김보숙 찾기

김보숙을 검색한다. 서울대공원에서 일하고 있는 동물기획팀장 김보숙이 검색된다. 김보숙은 진흙 목욕을 좋아하는 코뿔소에게 진흙탕을 만들어주고 있었다. 바위에만 올라가서 사는 바바리양에게는 높은 인공바위산을 만들어주었는데, 새끼들과 매일 바위산을 오르던 바바리양은 이 달의 자랑스러운 동물에도 뽑히었다. 열대 조류관의 콘크리트 천장을 유리 천장으로 만들어 자연채광이 되도록 도와주고 있었으며, 나무 오르기를 좋아하는 스라소니들 곁에는 나무를 심어주고, 어둠을 좋아하는 오소리와 너구리에게는 아늑한 동굴을 만들어주었다. 김보숙은 먹이도 그냥 던져만 주지 않는다. 통나무 곳곳에 구멍을 뚫어 꿀을 넣어두고는 곰이 계속 찾아 먹게 하고, 돼지 등뼈를 높이 메달아 놓으면 사자는 힘차게 뛰어올라 뜯어먹었다. 김보숙 덕분에 사막여우와 미어캣 부부는 눈길이 다정해져 새끼도 많이 낳았다. 시를 쓰는 김보숙을 찾다가 동물원에 있는 김보숙을 찾았다. 동물원에 있는 김보숙이 시를 쓰는 김보숙보다 먼저 시를 쓰고 있었다.

# 나는 잘 지내고 있나요

지금 내가 살고 있는 이 집으로 가끔씩 전에 살던 오해숙이라는 여자의 우편물이 도착하곤 해. 작년 크리스마스에는 미혼모쉼터공간이라는 곳에서 후원감사 카드가 왔어. 어제는 여성인력센터 미용부에서 2학기 교재를 구입하라는 고지서가 왔지. 그녀의 친구가 보낸 청첩장에는 보랏빛의 도라지꽃이 그려져 있었고, 백화점 세일 쿠폰에는 토파즈향이 풍기는 화장품 샘플도 들어있었어. 세상은 내가 살고 있는 이곳에서 그녀의 안부를 묻곤 해. 내 안에서 그녀의 안부들이 점점 쌓여가고 있어. 그녀의 소식을 기다리는 이들에게는 아무런 소식이 들리지 않는 이곳이 조용한 빈 집일 테지. 바람처럼 흩어졌다가 다시 돌아오는 시간처럼 그녀가 돌아와서 내게 물을 것만 같아. 나는 잘 지내고 있나요?

# 돌떡

네가 준 떡이 화석이 되었다.
줄 때 먹을 걸 그랬어.
냉동고가 뭐라고 냉동고만 믿었나 몰라.
떡이란 떡은 왜 다 그 안에 들어가 있는지.
떡만 한 예의가 어디 있다고.
난 참 예의도 없지.

# 목화문방구

광식이 엄마가 막내딸 광희를 불에 잃고 정신병원에 입원하게 되었을 때, 광식이 아빠는 지금 이 자리에 문방구를 열었다. 장롱을 만드는 공장에서 일하던 광식이 아빠는 광희의 방에 넣어줄 분홍 장롱을 완성했지만, 끝내 손잡이를 달지 못하고 장롱을 부수었다고 했다. 광희의 분홍장롱에 달려야 할 손잡이는 문방구 손잡이가 되었고, 문방구를 열고 들어갈 때마다 나는 광희의 분홍장롱 안에서 광희의 이불을 덮고 흐느끼는 광식이 아빠를 상상하곤 했다. 광식이 아빠는 일주일에 두 번 문방구 문을 닫고 광식이 엄마를 보러 갔었다. 목요일은 광식이 엄마를 면회하였고 화요일은 광희 엄마를 면회하였다. 광식이 엄마는 목요일이 되면 광식이 아빠를 기다렸고 화요일이 되면 광희 아빠를 기다렸다. 광식이 엄마는 광식이가 전부였고 광희 엄마는 광희가 전부였기에, 광식이 아빠는 문방구 손잡이에 목요일 화요일은 문을 닫습니다, 라고 적은 팻말을 걸어놓고 광식이 엄마와 광희 엄마를 보러 갔다. 그래서 우리들은 목요일과 화요일에 문을 닫는 문방구를 목화문방구라고 불렀다. 정신병원에서 퇴원을 한 광식이 엄마가 문방구 안에서 날마다 우리들의 연필을 깎아줄 때에도 계속하여 문방구를 목화문방구라고 불렀다.

# 보라색 천 원

내가 가면
찌개용 사천 원 어치
물으나 마나 찌개용
사천 원 어치
풀어주니 가는 개
거북이 공판장에 들어와
한 동안 나와 놀던 개
선명한 꿈을 꾸는 알콜 중독자
오늘은 엄마와 언니와 오빠에게 말을
해야지 나를 흉보지 말아달라고

# 착한 핏줄

떼인 돈을 받아주겠다는 남자에게 돈을 떼이고 온 아버지는 마르지 않은 교복을 개고 있었다. 덜 마른 빨래 냄새는 우울을 유지하는데 요긴하게 쓰였다. 눈이 어두운 해피가 삼켜버린 잔못을 찾겠다며 해피의 똥을 뒤지던 할머니는 해피의 똥 속에서 잃어버린 보청기를 찾았다. 할머니의 귀가 밝아지자 이웃들은 떡을 돌리며 밝아진 귀는 새로 오신 목사님의 안수기도 때문이라 말하였다. 나는 해피의 똥 덕분이라 말하였고, 할머니는 새로 오신 목사님의 안수기도는 해피의 똥이라고 말하였다. 해피의 혀를 뽑아 버리겠다며 식칼을 들고 박 집사님이 심방을 오셨을 때, 눈이 어두운 해피는 발랄하게 꼬리를 흔들었다. 해피의 혀를 헌금으로 바치고 나는 아껴둔 게보린 세 알을 물에 녹였다. 피가 덜 마른 교복을 접으며 아버지는 두통이 심한 날에는 문장을 적는 것이 아니라고 했지만, 나는 꾸역꾸역 문장을 적어갔다.

# 가족 같은

비정상적인 안수기도로 매독에 걸린 경자 언니는 청파동 골목에서 옛날동전을 팔았다. 최승자 시인을 따라 하기 위해서 나는 곧잘 청파동 골목을 지렁이처럼 기어다녔고, 옛날동전을 구경하는 남자들이 만두를 주면 만두를 먹으며 보냈다. 매독은 머리카락으로 옮는 것이 아니었는데 경자 언니는 장미이용원으로 끌려가 머리칼을 짧게 잘렸다. 가족 같은 경자 언니는 가족 같아서 옛날동전을 세며 그 밤을 혼자 보냈다. 비정상적인 안수기도로 매독에 걸렸다고 사료되는 보고서를 쓰는 남자들이 청파동에 자주 몰려 다녔다. 장미 이용원 앞에서는 또 한 번 머리카락 태우는 냄새가 났다. 경자 언니를 사라지게 하기 위해서 두꺼비집을 내리다 매번 걸린 나는 야호 소리 한 번 안하고 즐겁게 얻어터지며 보냈다.

## 비밀봉지

오빠는 내게 약을 파는 사람들을 찾기 시작했다. 오빠는 착하여서 약 빨고 쓴 시 같다, 라는 말을 싫어했다. 나는 사실 약을 빨 줄 몰랐다. 베넷 지고리가 들이있는 비닐봉지 속에 숨겨 놓은 식욕억제제와 피임약은 빨기에는 외로웠다. 이마를 짚고 누워 있는 어머니는 나를 아가라고 불렀다. 빨 수 있는 약 대신 내가 관심을 기울이던 것은 거북이 공판장에서 일하는 혼혈 소년과 혈액원에 다니며 피를 파는 제라일 뿐이었다. 곧 말이 터져 나올 것 같은 혼혈 소년은 방치된 연어 통조림의 유효기간을 보며 오늘이 내 생일이야 라고 말했다. 오빠의 것인지 나의 것인지 모르는 베넷 저고리를 혼혈 소년에게 선물로 주고 우리는 혈액원 앞에서 제라의 일이 끝나기를 기다렸다. 제라는 몇 번 베드에 누워 피를 빨리고 있을까, 그만 해, 자꾸 그러니깐 시가 쓰고 싶어지잖아.

# | 제3부 |

# 제일병원

다발성 구토 장애 진단을 받은 건 임신 때의 일이다. 같은 병실에 있는 베리카는 롯데월드에서 퍼레이드를 하는 러시아 무용수였다. 그녀는 입덧엔 국경이 없다며 내게 아침마다 하이파이브를 했다. 베리카, 난 아기를 떼고 위 내시경을 받을까 해요. 주변에서는 위암이 아닌 이상 담즙이 나올 때까지 토할 수 없데요. 담즙은 갈색, 갈색은 낙엽, 낙엽은 떨어져, 떨어지면 베이비, 베리카! 당신은 나쁜 상상력을 해본 적이 있나요? 엄만 가위에 눌릴 적마다 베게 대신 성경책을 베어주었어요. 난 그 걸로는 안 된다고 생각했어요. 찢었죠. 창세기부터 찢어서 씹어 먹었어요. 난 그렇게 창세기를 떼었죠. 손 하면 걸레를 가져오던 똘똘이가 보고 싶어요. 걸레 하면 내 입술에 뽀뽀를 하던 똘똘이는 밥은 먹고 다닐까요? 난 그렇게 제일병원에서 만삭 때까지 다발성 구토장애를 앓은 최초의 산모가 되었죠. 꾸준히 구토를 하다 보니 최초가 되어 있지 뭐예요.

# 미식

먹을 때마다 나오는 머리카락 때문에 김치를 포기한다.
그냥 삼키면 될 것인데 내가 포기하자 너도 포기한다.

집에만 오면 색이 변하는 명란젓.
콜라를 타면 색이 돌아온다는 믿음.

식용지우개는 고기맛이 나,
식용색종이는 채소맛이 나,

물이 들지 않은 너는 콜라처럼 웃는다.
물이 들지 않아 나는 콜라처럼 운다.

언 술을 깨니 포크가 걸어 나온다.

# 상인에 대한 사과문

밤에는 별 일 없어도 별 일 있어도 들르는 총각네 야채가게.
총각네 야채값은 낮과 밤이 달라서 밤에만 씹는 낡은 토마토.

라일락 모텔 주인은 총각네 야채가게에서
토마토를 고르는 내가 낯익어.

라일락 하면 라일락 주던 애인,
게보린 하면 게보린 주던 엄마,
라일락 모텔만 가면 집어 오는 샴푸는
오늘의 기쁜 발기.

# 애곡꾼 대여점

죽은 이를 위해 울어줄 사람을 대여해 주는 애곡꾼 대여점을 삼촌이 시작한다고 하였을 때, 치매에 걸린 할머니는 애곡꾼을 빌리는 값이 얼마냐고 먼저 물어보았다. 할머니가 온전하던 순간이었다. 얼마 전 돌아가신 할아버지 장례식장에서 할머니는 틀니를 빼고 박장대소 하며 웃었다. 그런 할머니를 바라보다가 우리들도 그만 웃음이 터지고 말았다. 그 순간 죽은 이를 위해 울어줄 사람이 집집마다 별로 없다는 것을 알게 된 삼촌은 죽은 이를 위해 울어 줄 애곡꾼 대여점을 열어서 돈을 벌겠다고 선언했다. 물론 나는 삼촌을 따라서 죽은 이를 위해 울어줄 의향이 있었다. 아무도 상처주지 않았는데 아무에게나 상처 받는 나에게는 주저앉아 울 공간이 필요했다.

입을 크게 벌리고,
조금은 무모하게,
흉기 같은 혀를 내밀고,
불이야, 를 외칠 때처럼

한 웅큼 꺼내어
재빨리 해치우 듯,
운다.

틀니를 빼고 박장대소 하는 할머니 같은 사람을 울 공간에서 만나지 않기를, 그곳에는 울 장면만 있기를, 나는 밤마다 바랐다. 고아처럼 주저앉아 울고 나면 돈이 생겼고, 할머니가 만든 케찹이 들어간 오이냉국을 먹지 않아도 그날 저녁이 해결되었다. 할머니는 온전하던 순간마다 삼촌에게 애곡꾼 빌리는 값을 물어보았다. 거울 앞에서 입을 크게 벌리고 조금은 무모하게 흉기 같은 혀를 내밀고 있는 삼촌을 보며, 흉기 같은 혀를 내미는 것을 빼면 값을 좀 깎아줄 수 있냐고 묻기도 하였다

# 찻집의 순화

다방을 차리고 싶다. 다방을 차리기 위해 쌍커풀 재수술을 하려고 모아 놓은 이백 만원을 삼십대 후반 여자가 쌍커풀 재수술을 받기 전에 필요하다는 피부재생 주사를 맞기 위해 썼다. 피부재생 주사를 맞고 예상치 못하게 생긴 피부 트러블 때문에 나는 다시 이백 만원을 모으려고 일을 했다. 점심 밥값 말고 점심 술값 주는 일은 드물어. 드물어도 찾는 일은 즐거워. 그래서 찾게 된 일이 누구의 애인이 되는 일, 나의 장래희망은 누구나의 애인이 되는 일이었어요. 뜻밖의 애인이 되어 뼈 빠지게 일을 하고 나면 피부재생 주사를 맞아야 하고, 피부재생 주사를 맞고 나면 쌍커풀 재수술을 하기 위해 뜻밖의 애인이 되어 일을 해야 하고, 내 뒤를 대주는 일은 있어도 내 뒤를 대주는 일은 안 생기니 다방은 언제 차리나.

## 이상한 날

아말감에 대해 듣고 있다.
꼬막 까는 알바는 어제 끝났고,
입 냄새는 아직도 나는 중이다.
꼬막을 까다가 하, 했고,
머리를 묶다가 하, 했다.
그 때마다 냄새가 났다.
네가 사 준 실핀이 문제였다.
실핀으로 이를 쑤시면,
이기 상한다는 것을 몰랐다.
잘 못 쑤시는 바람에 어금니가 썩었고
버릇은 하, 가 되었다.
아말감이면 버릇을 고칠 수 있다고 하는데,
꼬막 까는 알바는 어제
끝났다.

# 해 볼만

술에 취하면 조기를 구워 발라 먹는 나의 습관은 수산시장에서 조기 한 바구니에 만 원을 외치는 남자들을 보기 위해 만든 습관인지도 몰라. 청량리 수산시장은 조기보다 고등어 파는 남자들이 많아 강 건너 가락시장으로 가는 밤. 강을 건너 올 때는 가터벨트로 갈아입고 오렴. 성수역 화장실에서 가터벨트로 갈아입던 옳지, 그래야 안 맞지, 강남 사는 남자와 연애하면서 생긴 맷집은 맞아볼 만한 건강함을 주었고. 어때? 자기야 나 건강해지니깐 때려 볼 만하지? 먹을까 말까 할 때는 먹지 않고 버리는 거란다. 성수역 화장실 변기에 쏟아버린 조기들. 해볼 만한 폭력.

# 사육사

생일이 지났다. 생리대가 없을 땐 신문지를 오려 팬티에 깔곤 했다. 뒤에 피 묻었어, 라는 말을 들은 뒤부터 난 뉴스를 믿지 않았다. 성기에서는 잉크 냄새가 났고, 신문지에서는 생리 냄새가 났다. 피 묻은 체육복 냄새를 맡느라 큰아버지가 정신없을 때면, 큰 어머니는 내 머리에 대야를 씌워 놓고 저녁밥을 지었다. 우리 아드님들 포크를 들고 뛰어다니다 넘어지면 다쳐요, 차례를 지키셔야죠, 누구의 포크인지도 모르고 나는 찔렸다. 성기를 씻으면 나오는 구정물, 네 엄마를 닮아 예쁘구나, 미친 큰 아버지는 내 생일이면 좋다고 시를 지어서 낭송하였다.

# 마이 보라

언제 하자고 할지 몰라 마이보라를 못 끊는 나는 새한약국 아저씨가 서비스로 주는 박카스를 마시며 생각한다. 애인이 시에 써달라고 하던 박카스에 관한 농담을. 나는 박았스, 너는 박혔스, 시는 그러면 안 되니? 직장 제거 수술을 받고 네가 달고 온 인공항문을 닦기 위해 우리는 라일락 모텔에 들어갔다. 배변 주머니라는 말이 아름다워, 인공항문을 닦다 말고 불현듯 키스하는 네게 하고 싶니, 말하고 너는 울었다. 너의 항문을 닦아줄 수 있어 좋아. 우울증 치료제를 다정하게 나눠 먹은 우리는 박카스에 관한 농담을 시작했고, 천박한 농담이 있어 오후는 무사히 지나갔다.

# 빨래엔 피죤

딸의 안부가 궁금하여 너의 이름을 딸이라 지어주고, 딸이라 부르지 말아 달라는 너의 부탁을 들어주어 다시 따리라 이름 지어주었다. 딸보다는 따리라고 불러주는 것이 좋다며 너는 딸처럼 웃었다. 파도를 만지면 딸을 만지는 것 같아. 바다에 빠졌다 나온 날엔 너는 하루 종일 만져달라고 칭얼대었다. 너의 따리 되어서 행복해, 마를 때까지 빨아줘. 빨래엔 피죤을 넣지 않아 옷에서는 냄새가 나는데, 나는 딸의 안부가 궁금하여 너를 계속 바다에 빠트렸다. 빨아 줘, 빨아 줘, 빨아 줘, 빨아달라는 말을 하지 말라는 나의 부탁을 들어주어 너는 다시 빠라줘라 말했다. 그러고 보니 빨아 줘보다는 빠라줘라고 하는 것이 좋다며 나는 따리처럼 웃었다.

# 멸치국수

아버지의 시계도 받아주었다.
전당포 앞에서 우리는 멸치국수를 먹었다.
그때부터 뱃속에서 똑, 딱, 똑, 딱, 똑, 딱, 똑, 딱,
시계 소리가 들려온다.

# 매듭

택배기사는 바쁜 듯 재촉했겠지. 콩 타작 하면서도 대문을 연신 바라보던 어머니는 얼른 뛰어나갔겠지. 새봄 알리는 보리순, 벌금 자리 나물, 짜놓은 참기름이 그득한 보따리를 그제야 상자에 넣기 시작했겠지. 서두르는 택배기사 맘도 모르고 어머니는 끈을 찾아서 묶고 또 묶어 매듭을 지었겠지. '아이고, 무슨 보물 들었는교, 마, 그만 하이소' 택배기사 핀잔도 모른 체하고 어머니는 마지막으로 매듭 한 번 더 지었겠지. 학교 들어가는 일곱 살 땔 운동화 끈 매어주 듯, 서울 나가는 스무 살 땔 따습게 목도리 매어주듯, 양손으로 그 매듭 확실히 지었겠지. 아파트 수위 아저씨에게서 건네받은 택배 풀려다 보니 도무지 풀리지 않는다. 어머니의 손길이 베어나는 것 같아 쉽사리 가위도 못 들겠다. 어머니의 다문 입처럼, 미로 같은 하얀 인생처럼, 이리저리 설긴 매듭을 풀고 나면 어머니가 금방이라도 나올 것만 같은 저녁, 쉰내 나기 직전의 저녁이다.

# 어떤 시절

지붕 위로 던져진 유년의 치아가 궁금한 밤이다.
실에 묶인 송곳니는 어느 집 지붕 위에 심어졌을까.
빠진 이 사이로 혀를 밀어 넣으면 놀이가 되던 저녁,
은퇴한 구름 주위로 몰려오는 별자리의 이름들은
나의 첫 비문이 되었다.
유산을 하고 돌아온 어머니
밍크담요 속으로 들어간 어머니의 발을,
따뜻한 물로 닦아주면 먼 시차 속에서 나를 바라보던 눈.
아가야, 아가는 별이 되었단다.
입안에 고인 물방울은 아무리 삼키려 해도 넘어가지 않았다.
그날 오빠의 일기장에는 '달이 빨간데'가 적혀 있었다.
하지만, 나는 달이 이빨을 가는 이유를 알 수 없었다.

# 떼인 돈 받아드립니다

전봇대에 붙은 떼인 돈 받아드립니다.

아버지는 결국 떼인 돈을 못 받았다.

떼인 돈을 받아주겠다는 사람에세도 돈을 떼었다.

떼인 돈을 받아주는 사람을 소개시켜주는 사람에게도 돈을 떼었다.

아버지는 이 세상에 돈을 떼어주러 나온 사람처럼 돈을 떼였다.

더 이상 떼 갈 돈이 없어지자 세상은 몸을 떼어갔다.

# 나무가 왔다

백화점 옥상 위로 나무가 올라간다.
옮길 수 없는 숲 대신해 나무가 왔다.
야구복을 맞추어 입은 남자아이들 위로
밧줄에 묶인 나무가 올라간다.
고개를 들면 나무의 밑이 보인다.
응급실에서 본 아버지의 스윽한 거웃처럼
군데군데 털이 묻어 있는 나무의 밑둥,
밑을 가리지 못하여 나는 울었다.

## 비닐봉지

나는 씹고 뱉는다.
씹고 뱉는 걸 보는 딸, 그리고 개,
할머니는 유심히 바라본다.
엄마, 꿀꺽 해 보세요.
간과 천엽을 씹는다.
비닐봉지를 감추는 딸
오늘은 간증을 들었다

# 한국관 옆 동물원

한국관에 들어온 김에
나는,
한국관 옆 동물원을 같이
들어갈 친구를 구하고,
나는,
구하면 십, 하는 말귀가 밝은
친구를 구하고,
나는,
구하면 열리는 동물원을 네
발로 들어가는
나는,

나는, 일! 만 남았다

# 발을 묶다

나는 애인들보다 발이 컸다.
착하지, 하면 신을 벗었고,
착하지, 하면 신을 신었다.
애인들의 신을 신고 나가고 싶었으나
발이 맞지 않아 문을 열지 못했다.
눈이 어두운 할머니는 나의 발을 만지며
아버지라 말했고, 눈이 밝은 나는 나의 발을
만지며 아버지라 했다.
하마터면 우리는 웃을 뻔하였다.

| 제4부 |

## 만두

아버지 제삿날과 생일이 같은 어머니는
제사가 끝난 밤이면 만두를 빚었다.
세사상에 올린 제사 음식을 섞어
만두속을 만들었다.
만두를 먹고 가려고 기다리는 아버지의 형제들은
아버지의 츄리닝을 나눠 입고
만두 빚는 소리를 들으며 깜박깜박 잠이 들었고,
나는 만두 속에 몰래 보리수 잎을 뿌려 넣었다.
나는 그들의 폐가 건강하기를 바랐다.
아버지의 제사가 끝난 밤이면,
아버지의 형제들과 나는 뜨거워진 만두를 먹으며
어머니의 생일을 축하했다.

# 눈

강력본드통과 안약통의 모양새가 닮았다. 어머니가 주워 온 자개서랍장 위에 두 개를 나란히 올려놓은 것이 발단이었다. 언니의 결혼식 하루 전, 주워 온 자개서랍장에서 자개들이 떨어졌고 백내장 수술을 받고 한동안 먼 곳을 바라보아야 하던 어머니의 눈은 앞에 있는 자개들을 참지 못하고 그만 아프고 말았다. 안약 대신 강력본드를 눈에 짠 것이다. 이미 남의 집 안방을 경험하고 온 자개서랍장은 눈이 붙은 어머니의 비명에도 태연하였다. 어머니가 먼 곳을 돌아다니며 주워 온 것들은 안방에서 자꾸 떨어져 나가려 했다. 그럴 때 마다 어머니는 안방에서 떨어지려는 것들을 붙잡아 강력본드를 칠하였다. 강력본드를 피해 안방에서 떨어져 나갈 수 있었던 것은 아버지의 묵은 솜이불뿐이었다. 안방에서 떨어져 나가던 솜이불이 부러운 언니와 나는 솜처럼 가벼워지기 위해 점점 말수를 늘려갔다. 하지만 안방에서 떨어지려는 것들을 붙잡고 강력본드를 칠하는 어머니를 볼 때마다 언니와 나의 말수는 점점 줄어들었다. 응급실에서 본드에 엉킨 속눈썹을 잘라내고 안방으로 돌아온 어머니가 언니의 결혼식에 가기 위해 자개서랍장에서 한복을 꺼내시는데 주워 온 자개서랍장 위로 주워온 액자에 넣어둔 가족사진이 떨어졌다. 어머니는 안방에는 더 이상 강력본드가 없다는 것을 알고 눈물을 흘리셨다. 나는 그때 안방이 기묘하다는 것을 처음 알았다.

## 천호

돈과 빵을 받는다.
주워 온 식탁에 붙어있는 폐기물 스티커
다행히 삼촌은 클래식을 좋아한다
섭식 장애인 나는 유효기간이 지난
도시락을 싸게 사서 씹고 뱉다가
지금은 나라에서 주는 빵을 씹고 뱉는다
신호등을 건너야 부엌에 갈 수 있는
우리 집은 넓고 좋다.
지구본에 붙어 있는 폐기물 스티커를
할짝할짝 떼어내준 듬직한 나의 삼촌
밥을 씹으며 어금니 꽉!

## 허파를 씹다가

나는 그 해 토하는 법을 배웠네. 아버지의 잦은 해소기침은 구토였네. 기침에 내장이 묻어나왔네. 기침이 바닥에 쏟아질 때 나는 눈을 감았네. 아버지의 귀두가 흔들렸네. 쏟아진 기침을 쓰레기통에 담고 아버지의 굽은 등을 탁탁 두드리면 녹슨 철근이 만져졌네. 나는 귀를 막았네. 어머니가 사온 쪼그라든 돼지허파를 씹어 먹다가 아버지의 숨소리를 들었네. 그것은 숨소리가 아니었으므로 숨이 아니었네. 손에 든 허파가 흔들리네. 흔들리지 않는 것은 모든 것이 흔들리고 있다는 사실 뿐이었네. 허파를 씹어 먹다가 혀를 깨무네. 톡, 건강한 피가 흐르네.

# 만식

엄마가 아직은 집에 있다고 너에게 전한다. 아직은 빨래가 마르지 않아 아버지의 런닝이 점점 노란빛을 띠고 있다고 너에게 전한다. 해 떨어지면 일 나갔던 오빠가 돼지고기를 한 근 끊어 집으로 돌아오고 신문지에 돌돌 말린 잔뭇들이 쏟아지고 있다고, 그 무렵이면 저녁은 뒤집혀진 주머니처럼 다가온다고 너에게 전한다. 폐에 물이 차오르고 있는 아버지와 돼지고기 핏물을 빼고 있는 어머니가 수 년 전 떼인 돈을 이야기하며 시력을 잃어갈 때 곰팡이로 물든 우리집 벽에서는 낙서가 무럭무럭 자라 소문을 앞서나가고 있다고 너에게 전한다.

## 파래지다

어머니의 빨간 꽃무늬 팬티는 리어카에 수북이 쌓여있었어. 골라도 골라도 빨간 꽃무늬 팬티뿐이었지. 빨간 꽃무늬 팬티는 창피를 모르는 듯했지. 때로는 치매에 걸린 할머니의 내복 위에 입혀서 동네를 돌아다니곤 했지. 할머니의 오줌에 젖어도 빨간 꽃무늬 팬티는 파래지는 법이 없었지. 창피를 몰라서 파래질 수 없었지. 나는 창피를 모르는 빨간 꽃무늬 팬티를 물려받지 않기 위해서 파란 것을 찾아다녔지. 우울을 유지하는데 요긴하게 쓰인 것은 언제나 파란 것들뿐이었지. 폐쇄성 폐질환에 걸린 아버지의 파래진 입술을 찾았지. 아버지의 파란을 보고 할머니는 아저씨에게만 특별히 주는 것이라며 빨간 꽃무늬 팬티를 아버지 손에 쥐어주었지. 손에 쥐어진 빨간 꽃무늬 팬티를 입에 막고 기침을 시작하는 아버지를 보고 나는 점점 파래져갔지.

# 대화체 제목

녹슨 빨래건조대는 주워오지 말았어야죠. 나의 하얀 유니폼은 녹슨 빨래건조대에 널지 말았어야죠. 유니폼에 물든 녹물은 왜 하필 나의 젖꼭지 근처에 물들어 빠지지 않고 있는지, 나는 녹슨 빨래건조대를 주워온 할머니를 감추기 위해 치매에 걸린 적 없는 할머니를 치매에 걸렸다고 사장님에게 말했어요. 녹물 빼는 기술을 가지고 있는 사장님의 눈은 내 젖꼭지 근처를 맴돌았어요. 굳이 이것을 대화체로 듣고 싶다면 말해주죠. "자네에게 물든 녹물이 마음에 드는군, 꼭 농담 같단 말이야" "나는 농담을 원하지 않아요." "이봐, 이것은 완벽하게 물든 농담이라고, 그러니 자네 할머니에게 가서 전하게, 오늘 내가 자네에게 물든 농담을 탐내었다고" "나의 할머니는 하루의 반이 끝나면 옛날 동전을 팔러가죠. 옛날 동전을 팔고 온 할머니의 손에서는 항상 녹슨 동전 냄새가 풍겨요. 나는 어제도 녹슨 동전 냄새가 풍기는 밥을 먹어야 했죠. 이것이 농담 같나요?" 농담을 모르는 나는 이제 그만 농담이 물든 유니폼을 벗고 싶었어요. 농담이 물든 유니폼 안에서 파르르 웃고 있는 젖꼭지를 이제 그만 가여워하기로 했어요.

# 너에게 요구르트를

교회 집사님들 같아 보였어요. 그녀들은 장미 나무 아래에서 요구르트를 마시며 다정하게 얘길 나누고 있었거든요. 엄만 말했어요. 장미 나무 아래에서 요구르트를 마시며 다정하게 얘길 나누는 사람을 보다가 교회 집사님을 떠올리는 건 나쁜 상상력이라고. 나는 나쁜 상상력을 그만해야 했어요. 나는 점점 질이 안 좋아지고 있었고 질이 안 좋아질수록 나쁜 상상력은 멈추어지지 않았거든요. 자매님, 요구르트 마시고 회개하세요. 요구르트를 마시면 나는 금세 똥이 마려워진다고 했어요. 그녀는 나와 같은 자매인 것이 창피한 듯 보였어요. 아무데서나 회개하지 말라는 엄마의 말을 어기고 나는 장미 나무 아래에서 나의 다정한 언니들에게 회개를 했어요. 도둑질과 간음 중에 무엇이 더 나쁜가요. 아무데서나 똥을 누고 싶을 만큼 똥이 마려웠지만 나는 아름다운 장미나무 아래에서는 차마 똥을 눌 수가 없었어요. 엄마가 나의 안 좋은 질을 보면 얼마나 놀랄까요. 나는 그 무렵 그만 하던가 죽던가 해야 했어요.

# 아들들

아들들은 여자를 기다렸다가 저녁을 해결하곤 했다. 필리핀 엄마가 되지 못하고 필리핀 엄마가 된 여자는 이곳에서 아들들을 얻었다. 아들들은 혈압이 높았고 이불을 둘둘 말고 늦게까지 자는 날이 많았으며, 가끔 여자가 말하는 모국어를 자신들의 모국어로 가늠하곤 하였다. 자신들의 이름이 자신들의 모국어로 포크와 숟가락이라는 것을 알았을 때, 포크는 포크를 들고 여자의 허벅지를 찌르던 포크를, 숟가락은 숟가락에 불을 녹여 여자의 허벅지를 지지던 숟가락을 입속으로 감추었다. 아들들은 여자를 기다렸다가 저녁을 해결하곤 했다. 필리핀 엄마가 되지 못하고 필리핀 엄마가 된 여자는 이곳에서 포크와 숟가락을 얻었다. 포크와 숟가락은 포크와 숟가락을 여자에게 사용하고 나면 혈압이 높아졌고, 여자를 보며 자위를 하는 날에는 이불을 둘둘 말고 늦게까지 자는 날이 많았다. 가끔 여자가 말하는 모국어를 자신들의 모국어로 가늠하곤 하였다. 개새끼들.

## 그도 그녀도 아닌

소금 양을 줄여 달라는 엊그제의 메모. 밥을 많이 먹은 강아지는 살이 쪄서 그대로 누워 있고, 이름을 잘 지어야지. 도그에게 피그는 도통 어색해. 보통 도그는 해피라고 부르는데, 피그인 그녀를 도그라고 부르는 것처럼 도그인 강아지를 피그라 부르고, 소금 양을 줄여달라는 엊그제의 메모 찾아봐도 후추통 밖에 없는 찬장. 밥을 많이 먹은 도그는 피그라고 부를 때만 뒤를 돌아 봐. 소금을 뿌리다가도 도그라고 부르면 뒤로 해야 해. 그때야 도그는 도그가 되고 피그는 피그가 되고.

하루에 두 번 먹던 식욕 억제제를 네 번으로 늘리고 하루에 두 번 먹던 밥이 네 번으로 늘었다. 식욕이 억제 되었는지 확인하기 위하여 나는 하루 네 번 밥상 앞에 앉는다. 밥을 보아야 식욕이 억제되었는지 알 수 있고 식욕이 억제 되지 않은 저녁은 식욕이 억제되는 것을 확인할 때까지 밥상을 차린다. 그만 하라며 딸은 울고.

# 마당에 서서

펌프를 묻고 나무를 심었다. 말을 길어 오르지 못하는 나의 입에선 쇠 냄새가 나곤 하였지만, 물을 길어 오를 일 없는 사람들의 손에선 더 이상 쇠 냄새가 나지 않았다. 나뭇잎은 등목처럼 쏟아졌다. 펌프를 묻고 나무를 심은 그에게 잡음 없는 주파수를 선물하기 위해 나는 라디오에 책갈피를 끼워 두었다. 달이라고 똑똑하게 들릴 때까지 주파수를 맞추었다. 달이라고 똑똑하게 말할 때까지 나는 마당에 서서 말을 길어 올렸다.

# 메트로니다졸

오늘 아침에는 쌀을 팔았습니다.
통조림 몇 개도 사려 하다가
돼지고기를 한 근 끊었지요.
통조림이 나쁘다는 이야기는 아니에요.
관을 여는 일이 조금 지겨워졌을 뿐.
며칠 전 통조림 속에 들어있던
말 못할 부위를 먹은 이후로,
나는 말 못할 부위가 조금씩 가려운 중이에요.
말 못할 부위를 맘껏 긁고 싶은데
부엌에서 말 못할 부위를 긁으면 죄가 될까요.
말 못할 부위를 긁은 손으로
당신의 식사를 준비하면 그것도 죄가 될까요.
돼지고기 핏물을 빼다가,
말 못할 부위를 긁다가,
쌀을 씻다가,
말 못할 부위의 피를 닦다가,
그만 손톱이 빠져버렸어요.

그래서 말인데요.
혹시 당신의 숟가락을 좀 빌릴 수 있을까요.
죄가 되지 않는다면,
당신의 숟가락으로 말 못할 부위를 긁고 싶어요.

# 나프탈렌 효과

양치 컵에 흰자를 담고
칫솔에 노른자를 묻히고,
나는 소금을 사러 간
어머니를 기다린다.
목욕 바구니 안에 가득 찬
계란,
나프탈렌향이 풍기는
차분한 혼숙,
옹알옹알 소리가 좋아
발명한 계란양치.
가엽다고 머리를 감겨 줄때면
삶은 계란처럼 소금이 뿌려지곤
했다.

# 유색 그림자

우리는 연탄광에 앉아 내기를 했지. 오늘밤 우리 둘 중 누구의 몸이 먼저 사라질까. 새 아버지를 데려온 새 어머니의 하얀색 드레스 구두를 너는 연탄을 묻혀가며 깨끗하게 닦고 있었지. 새까맣게 환해지는 구두를 보며 새 아버지는 참 근사한 사람이라고 말했지. 새 아버지는 안방에 들어와 짐을 풀기 전에 서로의 속옷이 섞이지 않게 정리하는 법을 알려주었다고 했지. 새 아버지가 서랍장 안에 있는 너의 속옷을 모두 꺼내어 쓰레기통에 버리고나자 신기하게도 섞이지 않게 정리하는 법이 완성 되었다고 했지. 속옷을 입지 못하는 날이면 너는 연탄광에 앉아 나를 기다리곤 했지. 우리는 돌멩이를 낳아 이름을 지어주고 첫째 돌멩이는 날 닮았네, 둘째 돌멩이는 널 닮았네, 아무것도 낳지 않아도 아무것을 낳을 수 있는 지극히도 다정하게, 우리는 그곳에서 살림을 꾸렸었지. 새 어머니의 하얀색 드레스 구두가 새까맣게 깨끗해지자 너의 입술이 환하게 열렸었지. 난 준비 되었어, 넌 준비 되었니?

# 초코파이 사용설명서

초코파이만 주면 울다가도 웃던 나는 초코파이만 주면 빚쟁이 아주머니에게도 아버지가 숨어 있던 작은 이모네 집을 알려주었다. 아버지가 숨어 있던 곳을 알려주어 밤새 어머니에게 혼이 나다가도 나는 아버지가 몰래 사다준 초코파이를 먹으며 다시 웃었다. 참 식욕이란 게 더럽지 뭐니. 아버지의 장례식장에서도 초코파이를 찾던 나는 이에 낀 마시멜로우를 혓바닥으로 핥아 먹다가도 눈물을 흘릴 수 있는 아이었으니 초코파이만 주면 안되는 게 없는 사람이었단다. 얘야, 지금 나는 나의 더러움에 대하여 이야기 하고 있는데, 너는 왜 킥킥 웃고만 있는 거니.

# 호랑이 연고

일을 그만둔 남자에게 오만 원과 호랑이 연고를 준다.

마음의 상처 빼고 다 치료해주는 너랑 닮았어.

그저께는 찢어지지 않아 울었다.

호랑이 연고를 발라주며 너는 벌림을 두둔하였다.

벌리는 것과 벌려 버리는 것은 모두 벌의 성을 가져 아름답다고,

남의 집 소포를 찢을 수 없어 나는 한 번 더 울었다.

|해설|

# 디스토피아의 묵시록적 현실을 마주하는

—김보숙 시의 의미

고명철 | 문학평론가·광운대 교수

## 1. 산문시의 시적 대응, 또 다른 희망을 찾아서

누군가에게 삶과 현실은 지독한 고통과 상처로 이뤄진 채 그 어떤 희망도 허락되지 않은 지옥 자체다. 아무리 그에게 악무한의 현실을 견디다보면 언젠가 그를 에워싸고 있던 어둠의 틈새로 빛이 비쳐오고 그동안 견뎌낸 삶을 충분히 보상해줄 수 있는 그 어떤 선물이 주어진다고 용기와 힘을 북돋는다 하더라도 지금, 이곳 그를 켜켜이 누르고 있는 삶의 무게는 고통스러움의 한계치를 이미 벗어난 시 오래다. 그래서 혹자는 이 세상을 서슴없이 디스토피아로 부르리라.

김보숙의 시를 읽으면서 디스토피아를 마주한다. 무엇보다 그의 이번 시집 전체를 관통하고 있는 산문시 계열은, 시인이 삶과 현실을 어떻게 인식하고 있는지를 여실히 보여주는 시적 대응이다. 김보숙 시인의 시적 대응은 기존 우리에게 낯익은 서정시의 내용형식을 통한 게 아니라 산문시를 의도적으로 선택하는 시적 전략을 구사하고 있다. 두루 알듯이 현실에 대한 산문적 대응은 서정성이 파괴된 세계에 대한 매우 직접적인 대응이다. 더 이상 자아와 세계의 관계에서 어떤 교감과 교응의 그 무엇을 찾아볼 수 없을 때 그래서 자아와 세계의 관계가 무참히 파괴·붕괴·소멸의 양상을 보일 때 이러한 악무한의 현실에 대한 대응은 보다 직접적이면서 전투적 태도를 요구한다. 물론 이 전면적 투쟁의 과정에서 자아와 세계의 불협화음은 적나라하게 드러날 뿐만 아니라 좀처럼 회복될 수 없는 치명적 상처를 입을 수도 있다. 하지만 그렇기 때문에 역설적이게도, 이 전면적 투쟁을 수행하는 산문적 대응 속에서 새로운 관계를 꿈꿀 수 있는 또 다른 희망을 품게 된다. 희망을 찾아볼 수 없는 지옥과 같은 현실 속에서도 그러면 그럴수록 또 다른 희망을 결코 저버릴 수 없는 게 인간 존재의 숙명인지도 모른다.

## 2. 디스토피아적 현실을 마주하는 시적 상상력

가령, 다음과 같은 시를 보자.

> 장미 여관 203호에는 덜 마른 빨래 냄새가 난다. 오래된 스킨은 뚜껑이 열려진 채 향기 아닌 냄새를 사방에 흘리고, 침대를 향한 큰 거울은 일그러진 표정처럼 깨어져 있다. 한쪽 눈을 잃은 여관 아줌마는 작년에 이곳에서 사람이 죽어 나갔다며, 혼자 들어오는 젊은 남자를 몇 번이나 심문한다. 남자는 미지근한 삶을 데우러 왔다며 낡은 플레이보이지 위에 타액을 전수한다. 빨간 카펫이 깔린 여관 복도에는 긴 토악질 자국이 선명한데 한쪽 눈을 잃은 여관 아줌마는 오늘도 혼자 들어오는 젊은 남자를 심문하느라 토악 자국을, 스킨 뚜껑을, 깨진 유리를, 그냥 방치하고 있다.
>
> —「장미여관 203호」 전문

위 시의 공간으로 그려지고 있는 '장미여관'은 디스토피아를 이루는 현실의 풍경을 즉물적으로 보여준다. 한 젊은 남자가 "미지근한 삶을 데우러" '장미 여관'을 찾는다. 그런데 이 여관은 어딘지 모르게 삶에 지친 여객들이 잠시 들러 피곤한 삶을 쉬는 쉼터이기보다 아예 삶을 종결짓는 죽음의 공간으로 그려지고 있다. "한쪽 눈을 잃은 여관 아줌마"로부터 풍겨나는 음산한 태도(마치 죽음의 문턱을 지키는 수문

장이 연상될 그런 기묘한 태도)와 젊은 남자가 묵을 '장미여관 203호'의 실내 풍경은 삶의 온기라고는 도통 찾아볼 수 없는, 여관의 기능을 상실했다고 해도 과언이 아닐 정도로 곧 문을 닫아야 할 쓰러지는 여관이다. 바로 이곳을 젊은 남자가 잠시 쉬기 위해 찾아갔다는 것은 무엇을 말하는 것일까. 게다가 여관 주인이 이런 남자를 자주 봤었다는 것을 쉽게 짐작해볼 수 있다. 결국 여관 주인에게 이런 남자는 싸늘한 주검으로 발견되었던 것이다. 혹시, 김보숙 시인은 우리시대를 '장미여관 203호'와 겹쳐보고 있는 것은 아닐까.

기실, 김보숙 시인의 세계에 대한 이러한 디스토피아적 인식은 이번 시집 곳곳에서 어렵지 않게 만날 수 있다. 「오아시스·1」과 「오아시스·2」에서 보이는 재개발지역에서 일어나고 있는 폭력의 양상들은 여러 사례들 중 하나이다. 재개발지역에 살고 있는 사람들을 쫓아내야 하는 용역원들은 자신들에게 주어진 용역을 충실히 수행하기 위해 그곳에 살고 있는 사람들을 겁박하고, 그곳의 오랜 삶의 터전을 부숴버려야 한다. 시인은 이들 용역원을 "오아시스 배달원"으로 풍자한다. 사막에서 꺼져가는 생명을 살려내고 황량한 그곳을 건너갈 수 있도록 쉼터를 제공하는 오아시스를, 시인은 용역원과 동일시하는 시적 풍자를 수행한다.

도시재개발을 하기 위해 재개발지역에 있는 모든 것을 파괴해야 하는 첫 업무를 수행하는 용역원은 누구를, 그리고 무엇을 위한 오아시스일까. 재개발지역의 삶의 터전을 부숴버리는 그들은 과연 어떤 오아시스일까. 그리고 그렇게 하여 개발된 그곳은 정녕 우리시대의 생명을 살려내고 새로운 쉼터와 행복을 제공하는 오아시스의 몫을 정상적으로 담당할 수 있을까.

이러한 기우는 우리시대의 삶과 현실이 잔인할 정도로 비정해지고 있는 바, 어떻게 보면 인간의 존재를 버텨주고 있는 최소한 인간으로서 윤리마저도 소멸해가고 있다는 시인의 묵시록적 증언을 통해 알 수 있다.

생일이 지났다. 생리대가 없을 땐 신문지를 오려 팬티에 깔곤 했다. 뒤에 피 묻었어, 라는 말을 들은 뒤부터 난 뉴스를 믿지 않았다. 성기에서는 잉크 냄새가 났고, 신문지에서는 생리 냄새가 났다. 피 묻은 체육복 냄새를 맡느라 큰 아버지가 정신없을 때면, 큰 어머니는 내 머리에 대야를 씌워 놓고 저녁밥을 지었다. 우리 아드님들 포크를 들고 뛰어다니다 넘어지면 다쳐요, 차례를 지키셔야죠, 누구의 포크인지도 모르고 나는 찔렸다. 성기를 씻으면 나오는 구정물, 네 엄마를 닮아 예쁘구나, 미친 큰 아비지는 내 생일이면 좋다고 시를 지어서 낭송하였다.

—「사육사」 전문

마치 한 편의 공포 스릴러 영화를 보는 듯하다. 생리가 시작된 소녀는 무슨 영문인지 모르나 큰 아버지네 집에서 생활하고 있다. 소녀는 생리대가 없는지 "신문지를 오려 팬티에 깔곤" 한다. 소녀의 "성기에서는 잉크 냄새가 났고 신문지에서는 생리 냄새가 났다." 그런데 큰 아버지는 그 소녀의 "피 묻은 체육복 냄새를 맡"으면서, 소녀에게 "네 엄마를 닮아 예쁘구나"라는 성적 변태 욕망을 드러낸다. 여기서, 이 시의 제목이 '사육사'라는 점을 생각해보면, 소녀와 큰 아버지의 관계가 성적 착취와 억압의 관계임을 추정해 볼 수 있다. 그런데 이들 관계에서 한층 무서운 것은 이러한 그들의 부도덕한 관계를 큰 어머니가 아주 잘 알고 있어, 결국 이 집에서 소녀는 큰 아버지의 변태 성욕을 채워주기 위한 성노예와 다를 바 없다. 이렇게 소녀는 큰 아버지네 집에서 사육당하고 있는 것이다. 이 집에서 누구도 소녀를 구원해줄 수 없다. 오히려 무슨 사연인지 모르나, 다시 말해 소녀는 이 집에서 큰 아버지의 성욕을 채워줌으로써 이 집의 안녕을 유지시켜주는 성폭력의 대상으로 전락해 있다. 그렇다면, 이것이야말로 성노예로서 사육당하는 소녀의 끔찍한 존재 소멸이다. 여기에 인간 존재의 윤리감각이 있는가. 오직 짐승의 탈을 쓴 인간의 야만스런 행태만이 남을 따름이다.

이처럼 스러져가는 인간 존재의 가치는 인간의 죽음을 의식화하는 장례식장에서 새롭게 달라질 수도 있는 모습으로 나타난다.

죽은 이를 위해 울어줄 사람을 대여해 주는 애곡꾼 대여점을 삼촌이 시작한다고 하였을 때, 치매에 걸린 할머니는 애곡꾼을 빌리는 값이 얼마냐고 먼저 물어보았다. 할머니가 온전하던 순간이었다. 얼마 전 돌아가신 할아버지 장례식장에서 할머니는 틀니를 빼고 박장대소 하며 웃었다. 그런 할머니를 바라보다가 우리들도 그만 웃음이 터지고 말았다. 그 순간 죽은 이를 위해 울어줄 사람이 집집마다 별로 없다는 것을 알게 된 삼촌은 죽은 이를 위해 울어 줄 애곡꾼 대여점을 열어서 돈을 벌겠다고 선언했다. 물론 나는 삼촌을 따라서 죽은 이를 위해 울어줄 의향이 있었다. 아무도 상처주지 않았는데 아무에게나 상처 받는 나에게는 주저앉아 울 공간이 필요했다.

입을 크게 벌리고,
조금은 무모하게,
흉기 같은 혀를 내밀고,
불이야, 를 외칠 때처럼
한 웅큼 꺼내어
재빨리 해치우 듯,
운다.

〉

틀니를 빼고 박장대소 하는 할머니 같은 사람을 울 공간에서 만나지 않기를, 그곳에는 울 장면만 있기를, 나는 밤마다 바랐다. 고아처럼 주저앉아 울고 나면 돈이 생겼고, 할머니가 만든 케찹이 들어간 오이냉국을 먹지 않아도 그날 저녁이 해결되었다. 할머니는 온전하던 순간마다 삼촌에게 애곡꾼 빌리는 값을 물어보았다. 거울 앞에서 입을 크게 벌리고 조금은 무모하게 흉기 같은 혀를 내밀고 있는 삼촌을 보며, 흉기 같은 혀를 내미는 것을 빼면 값을 좀 깎아줄 수 있냐고 묻기도 하였다

—「애곡꾼 대여점」 전문

'애곡꾼 대여점'이 가까운 미래에 일상 속으로 파고들어 올지 알 수 없는 일이다. 자본주의 사회에서 아무리 돈이 되는 것이면 무엇이든지 거래의 대상이 될 수 있다고 하지만, 장례식장에서 망자를 위해 울어줄 사람이 없어 돈을 주고 울어줄 사람을 사온다는 것을 어떻게 이해해야 할까. 아니, 울어줄 사람이 있지만, 진심으로 슬퍼해줄, 때로는 다소의 과장과 억지스러운 측면이 있더라도 장례식에 걸맞는, 말 그대로 '곡哭소리'를 제대로 내는 '애곡꾼'을 대여점에서 빌려온다는 것을 어떻게 이해해야 할까. 이것은 전통 장례 풍속에서 '상여소리'를 전문적으로 내는 사람을 부른다는 것과 사정이 전혀 다르지 않은가. 살았을 적 망자와 연루된

사람들이 곡소리를 낼 수 없어, 곡소리를 내는 대여점에서 빌려오는 현실이 도래할 수 있다는 시인의 환멸적 상상력은 디스토피아의 세계가 곧 닥쳐올 수 있음을 들려준다.

### 3. 관계의 재발견, 디스토피아에 대한 저항

그렇다면, 이러한 디스토피아의 묵시록적 현실을 우두망찰 지켜볼 수밖에 없을까. 김보숙 시인의 산문시가 보이는 이와 같은 시적 대응은, 다시 강조하건대, 우리가 살고 있는 현실을 기존 서정시로서는 노래하기 힘들고 고통스럽다는 시인의 진솔한 시적 표현임을 주목해야 한다. 서로의 관계가 파탄이 난 채 각자의 실존적 고통과 상처를 타자와의 관계로부터 치유 받지 못할 때 엄습하는 고독과 소외는, 뒤집어 생각해보면, 그만큼 관계의 복원뿐만 아니라 망실하고 있던 관계의 소중한 가치를 새롭게 발견하고자 하는 진실에 닿아 있다고 해도 과언이 아니다. 그래서일까. 다음 시편들에서 보이는 관계의 재발견을 향한 시적 욕망은, 그래도 우리가 살고 있는 세계가 디스토피아의 묵시록만으로 채워지지 않고 있다는 것을 마주하도록 한다.

> 지금 내가 살고 있는 이 집으로 가끔씩 전에 살던 오해숙이라는 여자의 우편물이 도착하곤 해. 작년 크리스마스에는 미혼모쉼터

공간이라는 곳에서 후원감사 카드가 왔어. 어제는 여성인력센터 미용부에서 2학기 교재를 구입하라는 고지서가 왔지. 그녀의 친구가 보낸 청첩장에는 보랏빛의 도라지꽃이 그려져 있었고, 백화점 세일 쿠폰에는 토파즈향이 풍기는 화장품 샘플도 들어있었어. 세상은 내가 살고 있는 이곳에서 그녀의 안부를 묻곤 해. 내 안에서 그녀의 안부들이 점점 쌓여가고 있어. 그녀의 소식을 기다리는 이들에게는 아무런 소식이 들리지 않는 이곳이 조용한 빈 집일 테지. 바람처럼 흩어졌다가 다시 돌아오는 시간처럼 그녀가 돌아와서 내게 물을 것만 같아. 나는 잘 지내고 있나요?

—「나는 잘 지내고 있나요」 전문

은혜미용실 앞에서 밤을 굽는 할아버지가 이야기 하시네. 저 미용실 젊은이 11시간 째 서서 일하고 있네. 은혜미용실 안에서 일하고 있는 젊은이가 이야기 하네. 저 밤 굽는 할아버지 11시간 째 앉아서 밤을 굽고 계시네. 젊은이와 할아버지는 서로의 시계이네. 서로의 움직임을 보고 시간을 알아내네. 은혜미용실 앞에 있는 벚나무가 이야기 하네. 저 미용실 안에 있는 봄 화분 11시간 째 앉아서 새싹을 움트고 있네. 은혜미용실 안에 있는 봄 화분이 이야기 하네. 저 벚나무 11시간 째 서서 꽃봉오리에 힘을 주고 있네. 봄 화분과 벚나무는 서로의 사계四季이네.

—「시계 혹은 사계四季」 전문

그동안 잊고 있었던 누군가로부터 우편물이 도착하곤 할

때가 간혹 있다. 때로는 나와 아무런 관계도 없는 상업 판촉물이 보내질 때도 있고, 이러저러한 곳들로부터 각종 후원과 관심을 가져달라는 내용의 우편물도 있다. 그 중 나와 소중한 관계를 맺은 우편물은 많지 않다. 귀찮은 적이 한두 번이 아닐 것이다. 하지만 "세상은 내가 살고 있는 이곳에서 그녀의 안부를 묻곤" 한다. 그래서 "내 안에서 그녀의 안부들이 점점 쌓여가고 있"다는 것을 잘 안다. 그럴 때마다 "나는 잘 지내고 있나요?"라는 물음을 내 자신에게 던지곤 한다. 아무리 작은 관계일지언정 모든 관계로부터 나를 절연시킬 수 없다. 왜냐하면 숱한 관계들 속에서 정작 내 자신의 안녕과 나의 존재 가치를 확인받고 싶기 때문이다(「나는 잘 지내고 있나요」).

이러한 관계를, 「시계 혹은 사계」는 흥미롭게 노래한다. 은혜미용실 안팎으로 나뉜 두 공간은 마치 자신의 공간에서 다른 공간의 모습을 통해 결국 자신의 세계를 성찰한다. 서로의 공간은 서로를 비추고, 그렇게 서로의 세계는 서로를 통해 자신의 세계를 성찰한다. '미용실 안/밖, 미용사 젊은이/밤 굽는 할아버지, 봄 화분/벚나무' 등 서로 마주하는 대상과 공간이 공유하면서 새롭게 발견하고 있는 것은 '11시간'이란 물리적 시간의 흐름 속에서 각각 성장하고 있는 생명의 극적 순간들이다. 이렇게 미용실 안팎의 세계는, "봄 화분과 벚나무는 서로의 사계"란, 신비한 관계를 형성한다.

## 4. 세계고世界苦를 견디는 시쓰기

이렇게 김보숙 시인은 악무한의 현실을, 관계의 재발견을 통해 극복하고자 한다. 여기서 쉽게 간과하지 말아야 할 것은 김보숙 시인의 시쓰기에 대한 열정이다. 세계의 고통과 상처를 응시할 수 있는 것은, 그리하여 그것을 산문시의 내용형식으로 시적 대응을 펼칠 수 있는 것은 시를 쓰고 싶어 하는 치열한 욕망이 김보숙 시인의 심연에서 솟구치고 있기 때문이다. 이것은 또한 자연인 김보숙과 시인 김보숙의 참모습을 발견하고자 하는 자기인식을 향한 탐구와 밀접한 연관을 맺는다(「김보숙 찾기」). 그리고 이것은 폐병으로 목숨을 잃은 시적 화자인 아버지의 삶에 대한 이해와 소통의 물꼬를 트는 일이기도 하다(「흉곽, 경계인」, 「만두」, 「파래지다」).

김보숙 시인이 첫 시집을 세상에 내놓기까지 혼자 앓았던 세계고世界苦가 시집 곳곳에서 자리하고 있다. 무엇보다 그의 시들이 디스토피아의 묵시록적 맥락에서 음미되는 것은 이번 시집이 거둔 성취가 아닐 수 없다. 세계에 대한 장밋빛 청사진에 눈이 멀게 아니라 엄혹한 현실 속에서 자리하고 있는 지옥도地獄圖에 대한 냉철한 시적 인식은 그래서 요긴

하다. 김보숙 시인의 냉철한 현실 인식과 그에 대한 시적 대응이 기대된다. 다만 산문시의 특장特長을 잘못 이해함으로써 자칫 산문시로 위장한 시적 일탈의 유혹에 빠지지 않았으면 한다. 김보숙 시인의 건승을 빌면서 이만 해설을 갈음한다.